Hinter dem Sachregister befindet sich ein Titel- und Stichwörterverzeichnis der

Guttentagschen Sammlung

Deutscher Reichs- und Preußischer Gesetze

— Textausgaben mit Anmerkungen; Taschenformat —

die alle wichtigeren Gesetze in unbedingt zuverlässigem Abdruck und mit mustergültiger Erläuterung wiedergibt.

☛ Das vollständige Verzeichnis der ganzen Sammlung mit Preisangaben ist kostenlos durch jede Buchhandlung und direkt vom Verlage erhältlich.

Guttentagsche Sammlung
von
Textausgaben ohne Anmerkungen mit Sachregister.

Verfassung
des
Freistaates Preußen.

Vom 30. November 1920.

Nebst Landtagswahlgesetz.

Textausgabe mit Sachregister.

Berlin und Leipzig 1921.
Vereinigung wissenschaftlicher Verleger
Walter de Gruyter & Co.
vormals G. J. Göschen'sche Verlagshandlung — J. Guttentag, Verlagsbuchhandlung — Georg Reimer — Karl J. Trübner — Veit & Comp.

Inhaltsübersicht.

Verfassung des Freistaates Preußen.

Gesetz über die Wahlen zum Preußischen Landtag (Landeswahlgesetz).

Verfassung des Freistaats Preußen.

Vom 30. November 1920 (Gesetzsamml. S. 543).

Das preußische Volk hat sich durch die verfassunggebende Landesversammlung folgende Verfassung gegeben, die hiermit verkündet wird:

Abschnitt I.

Der Staat.

Art. 1.

(1) Preußen ist eine Republik und Glied des Deutschen Reichs.

(2) Die nach der Reichsverfassung erforderliche Zustimmung Preußens zu Gebietsänderungen erfolgt durch Gesetz.

(3) Die Landesfarben sind schwarz-weiß.

(4) Die Geschäfts- und Verhandlungssprache im öffentlichen Dienste ist die deutsche Sprache.

Abschnitt II.

Die Staatsgewalt.

Art. 2.

Träger der Staatsgewalt ist die Gesamtheit des Volkes.

Art. 3.

Das Volk äußert seinen Willen nach den Bestimmungen dieser Verfassung und der Reichsverfassung unmittelbar durch die Volksabstimmung (Volksbegehren, Volksentscheid und Volkswahl), mittelbar durch die verfassungsmäßig bestellten Organe.

Art. 4.

(1) Stimmberechtigt sind alle über zwanzig Jahre alten reichsdeutschen Männer und Frauen, die in Preußen ihren Wohnsitz haben.

(2) Das Stimmrecht ist allgemein und gleich und wird geheim und unmittelbar ausgeübt. Der Tag der Stimmabgabe muß ein Sonntag oder ein allgemeiner Feiertag sein.

(3) Das Nähere wird durch Gesetz bestimmt.

Art. 5.

Von der Ausübung des Stimmrechts ist ausgeschlossen:

1. wer entmündigt ist oder unter vorläufiger Vormundschaft oder wegen geistiger Gebrechen unter Pflegschaft steht,
2. wer die bürgerlichen Ehrenrechte nicht besitzt.

Art. 6.

(1) Volksbegehren können darauf gerichtet werden:

1. die Verfassung zu ändern;
2. Gesetze zu erlassen, zu ändern oder aufzuheben;
3. den Landtag aufzulösen.

(2) Volksbegehren sind an das Staatsministerium zu richten und von diesem unter Darlegung seiner Stellung-

nahme unverzüglich dem Landtage zu unterbreiten. Dem Volksbegehren muß in den Fällen zu 1 und 2 ein ausgearbeiteter Gesetzentwurf zugrunde liegen. Volksbegehren sind nur rechtswirksam im Falle 2, wenn sie von einem Zwanzigstel, in den Fällen 1 und 3, wenn sie von einem Fünftel der Stimmberechtigten gestellt werden.

(3) Über Finanzfragen, Abgabengesetze und Besoldungsordnungen ist ein Volksbegehren nicht zulässig.

(4) Volksentscheide finden auf Volksbegehren und in den sonst in der Verfassung vorgesehenen Fällen statt; sie sind nur rechtswirksam, wenn die Mehrheit der Stimmberechtigten daran teilgenommen hat.

(5) Ein Volksentscheid findet nicht statt, wenn der Landtag dem Volksbegehren entsprochen hat.

(6) Anträge, die Verfassung zu ändern oder den Landtag aufzulösen, bedürfen zu ihrer Annahme der Zustimmung der Mehrheit der Stimmberechtigten. Sonst entscheidet die einfache Mehrheit der abgegebenen gültigen Stimmen. Die Abstimmung kann nur bejahend oder verneinend sein.

(7) Das Verfahren bei Volksbegehren und Volksentscheiden wird durch Gesetz geregelt.

Art. 7.

Das Staatsministerium ist die oberste vollziehende und leitende Behörde des Staates.

Art. 8.

(1) Die Rechtspflege wird durch unabhängige, nur den Gesetzen unterworfene Gerichte ausgeübt.

(2) Die Urteile werden im Namen des Volkes verkündet und vollstreckt.

Abschnitt III.

Der Landtag.

Art. 9.

(1) Der Landtag besteht aus den Abgeordneten des preußischen Volkes. Die Abgeordneten sind Vertreter des gesamten Volkes und werden von ihm nach den Grundsätzen der Verhältniswahl gewählt.

(2) Wählbar sind die Stimmberechtigten, die das fünfundzwanzigste Lebensjahr vollendet haben.

Art. 10.

Die Abgeordneten stimmen nach ihrer freien, nur durch die Rücksicht auf das Volkswohl bestimmten Überzeugung; an Aufträge und Weisungen sind sie nicht gebunden.

Art. 11.

(1) Beamte, Angestellte und Arbeiter des Staates und der Körperschaften des öffentlichen Rechtes bedürfen zur Ausübung der Tätigkeit als Abgeordnete keines Urlaubs.

(2) Bewerben sie sich um einen Sitz im Landtag, so ist ihnen der zur Vorbereitung ihrer Wahl erforderliche Urlaub zu gewähren.

(3) Gehalt und Lohn sind weiter zu zahlen.

(4) Die den Religionsgesellschaften auf Grund des Artikel 137 der Reichsverfassung zustehenden Rechte werden durch die vorstehenden Bestimmungen nicht berührt.

Art. 12.

(1) Die Gültigkeit der Wahlen prüft ein beim Landtage gebildetes Wahlprüfungsgericht. Dieses entscheidet auch über die Frage, ob ein Abgeordneter die Mitgliedschaft verloren hat.

(2) Das Wahlprüfungsgericht besteht aus Mitgliedern des Landtags, die dieser für die Wahlperiode wählt, und aus Mitgliedern des Oberverwaltungsgerichts, die das Präsidium dieses Gerichts für dieselbe Zeit bestellt.

(3) Das Wahlprüfungsgericht erkennt auf Grund öffentlicher mündlicher Verhandlungen durch drei Mitglieder des Landtags und zwei richterliche Mitglieder.

(4) Außerhalb der Verhandlungen vor dem Wahlprüfungsgericht wird das Verfahren von einem der bestellten Mitglieder des Oberverwaltungsgerichts geführt, das dem demnächst erkennenden Gerichte nicht angehören darf.

(5) Das Nähere wird durch Gesetz geregelt.

Art. 13.

Der Landtag wird auf vier Jahre gewählt. Die Neuwahl muß vor dem Ablaufe dieser Zeit erfolgen.

Art. 14.

(1) Die Auflösung des Landtags erfolgt durch eigenen Beschluß oder durch den Beschluß eines aus dem Ministerpräsidenten und den Präsidenten des Landtags und des Staatsrats bestehenden Ausschusses oder durch Volksentscheid. Der Volksentscheid kann auch durch Beschluß des Staatsrats herbeigeführt werden.

(2) Die Auflösung des Landtags durch eigenen Beschluß bedarf der Zustimmung von mehr als der Hälfte der gesetzlichen Mitgliederzahl.

Art. 15.

Nach Auflösung des Landtags muß die Neuwahl binnen sechzig Tagen stattfinden.

Art. 16.

Die Wahlperiode des neuen Landtags beginnt, falls der alte Landtag aufgelöst worden ist, mit dem Tage der Neuwahl, im übrigen mit dem Ablaufe der Wahlperiode des alten Landtags.

Art. 17.

(1) Der Landtag versammelt sich am Sitze des Staatsministeriums.

(2) Zur ersten Tagung nach jeder Neuwahl tritt er zusammen am dreißigsten Tage nach Beginn der Wahlperiode, falls ihn nicht das Staatsministerium früher beruft.

(3) Im übrigen versammelt sich der Landtag in jedem Jahre am zweiten Dienstag des November. Der Präsident des Landtags muß ihn früher berufen, wenn es das Staatsministerium oder mindestens ein Fünftel der Mitglieder des Landtags verlangt.

(4) Der Landtag bestimmt den Schluß der Tagung und den Tag des Wiederzusammentritts.

Art. 18.

Der Landtag wählt seinen Präsidenten, dessen Stellvertreter und die übrigen Mitglieder seines Vorstandes.

Art. 19.

Zwischen zwei Tagungen sowie bis zum Zusammentritt eines neu gewählten Landtags führen der Präsident und die stellvertretenden Präsidenten der letzten Tagung ihre Geschäfte fort.

Art. 20.

Der Präsident verwaltet die gesamten wirtschaftlichen Angelegenheiten des Landtags nach Maßgabe des Staatshaushaltsgesetzes mit den Befugnissen eines Staatsministers. Ihm steht die Dienstaufsicht über sämtliche Beamten und Angestellten des Landtags, die Annahme und Entlassung der Lohnangestellten sowie im Benehmen mit dem Vorstande des Landtags die Ernennung und Entlassung der planmäßigen Beamten des Landtags zu. Er vertritt den Staat in allen Rechtsgeschäften und Rechtsstreitigkeiten seiner Verwaltung. Er übt das Hausrecht und die Polizeigewalt im Landtagsgebäude aus.

Art. 21.

(1) Der Landtag ist beschlußfähig, wenn mehr als die Hälfte der gesetzlichen Mitgliederzahl anwesend ist.

(2) Für die vom Landtage vorzunehmenden Wahlen kann seine Geschäftsordnung Ausnahmen zulassen.

Art. 22.

(1) Der Landtag faßt seine Beschlüsse mit einfacher Stimmenmehrheit.

(2) Ausnahmen kann das Gesetz und für Wahlen die Geschäftsordnung vorschreiben.

Art. 23.

Die Vollsitzungen des Landtags sind öffentlich. Auf Antrag von fünfzig Abgeordneten kann der Landtag mit Zweidrittelmehrheit die Öffentlichkeit für einzelne Gegenstände der Tagesordnung ausschließen. Über den Antrag wird in geheimer Sitzung verhandelt.

Art. 24.

Der Landtag und jeder seiner Ausschüsse können die Anwesenheit jedes Ministers verlangen. Die Minister und die von ihnen bestellten Beauftragten haben zu den Sitzungen des Landtags und seiner Ausschüsse Zutritt. Sie können jederzeit, auch außerhalb der Tagesordnung, das Wort ergreifen. Sie unterstehen der Ordnungsgewalt des Vorsitzenden.

Art. 25.

(1) Der Landtag hat das Recht und auf Antrag von einem Fünftel der gesetzlichen Zahl seiner Mitglieder die Pflicht, Untersuchungsausschüsse einzusetzen. Diese Ausschüsse erheben in öffentlicher Verhandlung die Beweise, die sie oder die Antragsteller für erforderlich erachten. Sie können mit Zweidrittelmehrheit die Öffentlichkeit ausschließen. Die Geschäftsordnung regelt ihr Verfahren und bestimmt die Zahl ihrer Mitglieder.

(2) Die Gerichte und Verwaltungsbehörden sind verpflichtet, dem Ersuchen dieser Ausschüsse um Beweiserhebungen nachzukommen; die Akten der Behörden sind ihnen auf Verlangen vorzulegen.

(3) Für die Beweiserhebungen der Ausschüsse und der von ihnen ersuchten Behörden gelten die Vorschriften der Strafprozeßordnung sinngemäß, doch bleibt das Brief-, Post-, Telegraphen- und Fernsprechgeheimnis unberührt.

Art. 26.

Der Landtag bestellt einen ständigen Ausschuß zur Wahrung der Rechte der Volksvertretung gegenüber dem Staatsministerium für die Zeit außerhalb der Tagung und zwischen der Beendigung einer Wahlperiode oder der Auflösung des Landtags und dem Zusammentritte des neuen Landtags. Dieser Ausschuß hat auch die Rechte eines Untersuchungsausschusses. Seine Zusammensetzung wird durch die Geschäftsordnung geregelt.

Art. 27.

Der Landtag kann an ihn gerichtete Eingaben dem Staatsministerium überweisen und von diesem Auskunft über eingegangene Bitten und Beschwerden verlangen.

Art. 28.

(1) Die Mitglieder des Landtags erhalten das Recht zur freien Fahrt auf allen im Bereiche der ehemals preußisch-hessischen Eisenbahngemeinschaft belegenen deutschen Eisenbahnen und eine Entschädigung. Außerdem erhält der Präsident für die Dauer seines Amtes eine Aufwandsentschädigung.

(2) Ein Verzicht auf diese Entschädigungen ist unstatthaft.

(3) Das Nähere regelt das Gesetz.

Art. 29.

(1) Der Landtag beschließt über die Gesetze nach Maßgabe dieser Verfassung; er genehmigt den Haushaltsplan in Einnahme und Ausgabe; er stellt die Grundsätze für die Verwaltung der Staatsangelegenheiten auf und überwacht ihre Ausführung. Staatsverträge bedürfen seiner Genehmigung, wenn sie sich auf Gegenstände der Gesetzgebung beziehen.

(2) Der Landtag gibt sich seine Geschäftsordnung im Rahmen dieser Verfassung.

Art. 30.

Ein Beschluß des Landtags, die Verfassung zu ändern, ist nur gültig, wenn mindestens zwei Drittel der gesetzlichen Mitgliederzahl anwesend sind und mindestens zwei Drittel der Anwesenden zustimmen.

Abschnitt IV.

Der Staatsrat.

Art. 31.

Zur Vertretung der Provinzen bei der Gesetzgebung und Verwaltung des Staates wird ein Staatsrat gebildet.

Art. 32.

(1) Der Staatsrat besteht aus Vertretern der Provinzen. Als Provinzen gelten hierbei Ostpreußen, Brandenburg, Stadt Berlin, Pommern, Grenzmark Posen-Westpreußen, Niederschlesien, Oberschlesien, Sachsen, Schleswig-Holstein, Hannover, Westfalen, Rheinprovinz und Hessen-Nassau.

(2) Auf je 500 000 Einwohner einer Provinz entfällt ein Vertreter, jedoch entsendet jede Provinz mindestens drei Vertreter in den Staatsrat. Ein Rest von mehr als 250 000 Einwohnern wird vollen 500 000 gleichgerechnet.

(3) Außerdem entsenden die Hohenzollernschen Lande einen Vertreter.

(4) Die Zahl der Vertreter der Provinzen wird durch das Staatsministerium nach jeder allgemeinen Volkszählung und bei Veränderungen des Gebietes der Provinzen neu festgesetzt.

Art. 33.

(1) Die Mitglieder des Staatsrats und ihre Stellvertreter werden von den Provinziallandtagen (in Berlin von der Stadtverordnetenversammlung, in den Hohenzollernschen Landen und in der Grenzmark Posen-Westpreußen von den Kommunallandtagen) gewählt. In den Hohenzollernschen Landen wird nach

den Grundsätzen der Mehrheitswahl, im übrigen nach den Grundsätzen der Verhältniswahl gewählt. Wählbar ist jeder Stimmberechtigte, der das fünfundzwanzigste Lebensjahr vollendet und seinen Wohnsitz ein Jahr in der Provinz hat.

(2) Niemand darf gleichzeitig Mitglied des Landtags und des Staatsrats sein. Landtagsabgeordnete scheiden mit Annahme der Wahl in den Staatsrat aus dem Landtag aus. Mitglieder des Staatsrats scheiden mit Annahme der Wahl in den Landtag aus dem Staatsrat aus.

(3) Die Mitglieder des Staatsrats üben ihr Amt bis zum Eintritt ihrer Nachfolger aus.

(4) Die Mitglieder des Staatsrats werden unmittelbar nach der Neuwahl der einzelnen Provinziallandtage (Stadtverordnetenversammlung, Kommunallandtage) neugewählt.

Art. 34.

Die Mitglieder des Staatsrats stimmen nach ihrer freien, nur durch die Rücksicht auf das Volkswohl bestimmten Überzeugung; an Aufträge und Weisungen sind sie nicht gebunden.

Art. 35.

Kein Mitglied des Staatsrats darf zu irgendeiner Zeit wegen seiner Abstimmung oder wegen der in Ausübung seines Amtes getanen Äußerungen gerichtlich oder dienstlich verfolgt oder sonst außerhalb der Versammlung zur Verantwortung gezogen werden.

Art. 36.

(1) Beamte, Angestellte und Arbeiter des Staates und der Körperschaften des öffentlichen Rechtes bedürfen zur

Ausübung des Amtes als Mitglieder des Staatsrats keines Urlaubs.

(2) Gehalt und Lohn sind weiter zu zahlen.

Art. 37.

Der Staatsrat wählt seinen Vorsitzenden und seine Schriftführer sowie deren Stellvertreter und regelt seinen Geschäftsgang durch eine Geschäftsordnung.

Art. 38.

(1) Zum ersten Male wird der Staatsrat vom Staatsministerium einberufen. Im übrigen versammelt er sich auf Einladung seines Vorsitzenden, so oft die Geschäfte es erfordern. Der Vorsitzende hat den Staatsrat einzuberufen, wenn ein Fünftel seiner Mitglieder, die sämtlichen Vertreter einer Provinz oder das Staatsministerium es verlangen.

(2) Der Staatsrat ist beschlußfähig, wenn mehr als die Hälfte der Mitglieder anwesend ist. Bei Abstimmungen entscheidet die einfache Mehrheit der Abstimmenden.

(3) Bei Beschlüssen des Staatsrats nach Artikel 14 und Artikel 42 Absatz 1 muß die Abstimmung namentlich sein.

Art. 39.

(1) Die Vollsitzungen des Staatsrats sind öffentlich. Der Staatsrat kann mit Zweidrittelmehrheit die Öffentlichkeit für einzelne Gegenstände der Tagesordnung ausschließen. Über einen Antrag, die Öffentlichkeit auszuschließen, wird in geheimer Sitzung verhandelt.

(2) Artikel 24 gilt entsprechend.

Art. 40.

(1) Der Staatsrat ist vom Staatsministerium über die Führung der Staatsgeschäfte auf dem laufenden zu halten.

(2) Vor Einbringung von Gesetzesvorlagen hat das Staatsministerium dem Staatsrate Gelegenheit zur gutachtlichen Äußerung zu geben. Der Staatsrat kann seine abweichende Ansicht dem Landtage schriftlich darlegen.

(3) Der Staatsrat ist berechtigt, Gesetzesvorlagen durch das Staatsministerium an den Landtag zu bringen.

(4) Vor Erlaß von Ausführungsvorschriften zu Reichs- und Staatsgesetzen sowie vor Erlaß allgemeiner organisatorischer Anordnungen des Staatsministeriums ist der Staatsrat oder dessen zuständiger Ausschuß zu hören.

Art. 41.

Die Mitglieder des Staatsrats erhalten Reisekosten- und Aufwandsentschädigung nach Maßgabe des Gesetzes. Ein Verzicht hierauf ist unstatthaft.

Art. 42.

(1) Gegen die vom Landtage beschlossenen Gesetze steht dem Staatsrat der Einspruch zu.

(2) Der Einspruch muß innerhalb zweier Wochen nach der Schlußabstimmung im Landtage beim Staatsministerium eingebracht und spätestens binnen zwei weiteren Wochen mit Gründen versehen sein.

(3) Im Falle des Einspruchs wird das Gesetz dem Landtage zur nochmaligen Beschlußfassung vorgelegt. Wenn der Landtag seinen früheren Beschluß mit Zweidrittelmehrheit erneuert, so bleibt es bei seinem Beschlusse. Wird bei der erneuten Beschlußfassung des Landtags

2*

für den früheren Beschluß nur eine einfache Mehrheit erreicht, so ist der Beschluß hinfällig, falls er nicht durch einen vom Landtage herbeigeführten Volksentscheid bestätigt wird.

(4) Die Zustimmung des Staatsrats ist erforderlich, wenn der Landtag Ausgaben beschließen will, die über den vom Staatsministerium vorgeschlagenen oder bewilligten Betrag hinausgehen. Stimmt der Staatsrat nicht zu, so ist der Beschluß des Landtags nur wirksam, soweit er mit dem Vorschlag oder der Bewilligung des Staatsministeriums übereinstimmt. Ein Volksentscheid ist in diesem Falle nicht zulässig.

Art. 43.

Das Nähere wird durch Gesetz geregelt.

Abschnitt V.

Das Staatsministerium.

Art. 44.

Das Staatsministerium besteht aus dem Ministerpräsidenten und den Staatsministern.

Art. 45.

Der Landtag wählt ohne Aussprache den Ministerpräsidenten. Der Ministerpräsident ernennt die übrigen Staatsminister.

Art. 46.

Der Ministerpräsident bestimmt die Richtlinien der Regierungspolitik und ist dafür dem Landtage verantwortlich; innerhalb dieser Richtlinien leitet jeder Staatsminister den ihm anvertrauten Geschäftszweig selbständig und unter eigener Verantwortung gegenüber dem Landtage.

Art. 47.

(1) Der Ministerpräsident führt den Vorsitz im Staatsministerium und leitet dessen Geschäfte.

(2) Das Staatsministerium beschließt über die Zuständigkeit der einzelnen Staatsminister, soweit hierüber nicht gesetzliche Bestimmungen getroffen sind. Die Beschlüsse sind unverzüglich dem Landtage vorzulegen und auf sein Verlangen zu ändern oder außer Kraft zu setzen.

(3) Meinungsverschiedenheiten über Fragen, die den Geschäftsbereich mehrerer Staatsminister berühren, sind dem Staatsministerium zur Beratung und Beschlußfassung zu unterbreiten.

Art. 48.

Die Minister haben Anspruch auf Besoldung. Über Ruhegehalt und Hinterbliebenenversorgung bestimmt ein besonderes Gesetz.

Art. 49.

Das Staatsministerium vertritt den Staat nach außen.

Art. 50.

Das Staatsministerium beschließt über Gesetzesvorlagen, die an den Landtag zu bringen sind.

Art. 51.

Das Staatsministerium erläßt die Verordnungen zur Ausführung der Gesetze, soweit das Gesetz diese Aufgabe nicht einzelnen Staatsministern zuweist.

Art. 52.

Das Staatsministerium ernennt die unmittelbaren Staatsbeamten.

Art. 53.

Das Staatsministerium ernennt die Mitglieder des Reichsrats, soweit sie nicht nach Artikel 63 der Reichsverfassung von den Provinzialverwaltungen bestellt werden.

Art. 54.

(1) Das Staatsministerium übt namens des Volkes das Recht der Begnadigung aus.

(2) Zugunsten eines Ministers, der wegen seiner Amtshandlungen verurteilt worden ist, kann dieses Recht nur auf Antrag des Landtags ausgeübt werden.

(3) Allgemeine Straferlasse und die Niederschlagung einer bestimmten Art gerichtlich anhängiger Strafsachen oder einer einzelnen gerichtlich anhängigen Strafsache dürfen nur auf Grund eines Gesetzes ausgesprochen werden.

Art. 55.

Wenn die Aufrechterhaltung der öffentlichen Sicherheit oder die Beseitigung eines ungewöhnlichen Notstandes es dringend erfordert, kann, sofern der Landtag nicht versammelt ist, das Staatsministerium in Übereinstimmung mit dem im Artikel 26 vorgesehenen ständigen Ausschusse Verordnungen, die der Verfassung nicht zuwiderlaufen, mit Gesetzeskraft erlassen. Diese Verordnungen sind dem Landtage bei seinem nächsten Zusammentritte zur Genehmigung vorzulegen. Wird die Genehmigung versagt, so ist die Verordnung durch Bekanntmachung in der Gesetzsammlung alsbald außer Kraft zu setzen.

Art. 56.

Die Staatsminister leisten beim Amtsantritte den Eid, daß sie ihre Geschäfte unparteiisch, zum Wohle des Volkes und getreu der Verfassung und den Gesetzen führen wollen.

Art. 57.

(1) Das Staatsministerium als solches und jeder einzelne Staatsminister bedürfen zu ihrer Amtsführung des Vertrauens des Volkes, das dieses durch den Landtag bekundet. Der Landtag kann dem Staatsministerium oder einem einzelnen Staatsminister durch ausdrücklichen Beschluß sein Vertrauen entziehen. Der Beschluß ist nicht zulässig, wenn ein rechtswirksames Volksbegehren vorliegt, den Landtag aufzulösen.

(2) Der Antrag auf Herbeiführung eines solchen Beschlusses muß von mindestens dreißig Abgeordneten unterzeichnet sein.

(3) Über den Antrag darf frühestens am zweiten Tage nach seiner Besprechung abgestimmt werden. Er muß binnen vierzehn Tagen nach seiner Einbringung zur Erledigung kommen.

(4) Über die Vertrauensfrage muß namentlich abgestimmt werden.

(5) Der Beschluß auf Entziehung des Vertrauens ist nur wirksam, wenn ihm mindestens die Hälfte der Abgeordneten zustimmt, aus denen zur Zeit der Abstimmung der Landtag besteht.

(6) Wird der Beschluß gefaßt, so müssen die davon betroffenen Minister zurücktreten, der Ministerpräsident jedoch nur dann, wenn er von seiner Befugnis, die Auflösung des Landtags zu beantragen, keinen Gebrauch macht, oder wenn sein Antrag vom Ausschuß abgelehnt worden ist.

(7) Diese Bestimmungen gelten entsprechend für den Fall, daß das Staatsministerium in seiner Gesamtheit oder ein Staatsminister die Vertrauensfrage stellt.

Art. 58.

(1) Der Landtag ist berechtigt, jeden Minister vor dem Staatsgerichtshof anzuklagen, daß er schuldhaft die Verfassung oder die Gesetze verletzt habe. Der Antrag auf Erhebung der Anklage muß von mindestens hundert Mitgliedern des Landtags unterzeichnet sein und bedarf der Zustimmung der für Verfassungsänderungen vorgesehenen Mehrheit.

(2) Die Zusammensetzung des Staatsgerichtshofs, das Verfahren vor ihm und die ihm zustehenden Entscheidungen werden durch Gesetz geregelt.

Art. 59.

(1) Jeder Staatsminister kann jederzeit von seinem Amte zurücktreten.

(2) Tritt das Staatsministerium in seiner Gesamtheit zurück, so führen die zurückgetretenen Minister die laufenden Geschäfte bis zu deren Übernahme durch die neuen Minister weiter.

Abschnitt VI.

Die Gesetzgebung.

Art. 60.

Das Staatsministerium verkündet in der Preußischen Gesetzsammlung die verfassungsmäßig zustande gekommenen Gesetze und die vom Landtage genehmigten Staatsverträge.

Art. 61.

(1) Ein Gesetz ist verbindlich, wenn es verfassungsmäßig zustande gekommen und vom Staatsministerium in der vorgeschriebenen Form verkündet worden ist. Bei der Verkündung muß ausgesprochen sein, daß das Gesetz vom Landtag oder durch Volksentscheid beschlossen worden ist. Artikel 13 der Reichsverfassung wird hierdurch nicht berührt.

(2) Wenn das Gesetz nichts anderes bestimmt, tritt es mit dem vierzehnten Tage nach Ausgabe des die Verkündung enthaltenden Stückes der Gesetzsammlung in Kraft.

(3) Die Gesetze sind binnen Monatsfrist zu verkünden.

Art. 62.

Gesetzesvorlagen, die der Landtag abgelehnt hat, können in demselben Sitzungsabschnitte nicht wieder vorgebracht werden, es sei denn, daß ein rechtswirksames Volksbegehren vorliegt.

Abschnitt VII.

Das Finanzwesen.

Art. 63.

(1) Der Landtag sorgt durch Bewilligung der erforderlichen laufenden Mittel für die Deckung des Staatsbedarfs.

(2) Alle Einnahmen und Ausgaben des Staates müssen für jedes Rechnungsjahr veranschlagt und auf den Haushaltsplan gebracht werden. Dieser wird vor Beginn des Rechnungsjahrs durch ein Gesetz festgestellt.

(3) Die Ausgaben werden in der Regel für ein Jahr bewilligt; sie können in besonderen Fällen auch für eine längere Dauer bewilligt werden. Im übrigen sind im Haushaltsgesetze Vorschriften unzulässig, die über das Rechnungsjahr hinausreichen oder sich nicht auf die Einnahmen und Ausgaben des Staates oder ihre Verwaltung beziehen.

Art. 64.

Ist bis zum Schlusse eines Rechnungsjahrs der Haushaltsplan für das folgende Jahr nicht durch Gesetz festgestellt, so ist bis zu seinem Inkrafttreten das Staatsministerium ermächtigt:

1. alle Ausgaben zu leisten, die nötig sind,
   a) um gesetzlich bestehende Einrichtungen zu erhalten und gesetzlich beschlossene Maßnahmen durchzuführen,
   b) um die rechtlich begründeten Verpflichtungen des Staates zu erfüllen,
   c) um Bauten, Beschaffungen und sonstige Leistungen fortzusetzen, für die durch den Haushaltsplan eines Vorjahrs bereits Beträge bewilligt worden sind, sowie um unter der gleichen Voraussetzung Beihilfen zu Bauten und Beschaffungen oder sonstigen Leistungen weiter zu gewähren;
2. Schatzanweisungen bis zur Höhe eines Viertels der Endsumme des abgelaufenen Haushaltsplans für je drei Monate auszugeben, soweit nicht auf besonderem Gesetze beruhende Einnahmen aus Steuern, Abgaben und sonstigen Quellen die Ausgaben unter 1 decken.

Art. 65.

Im Wege des Kredits dürfen Geldmittel nur bei außerordentlichem Bedarf und in der Regel nur für Ausgaben zu werbenden Zwecken beschafft werden. Eine solche Beschaffung sowie die Übernahme einer Sicherheitsleistung zu Lasten des Staates dürfen nur durch Gesetz erfolgen.

Art. 66.

Beschlüsse des Landtags, welche Mehrausgaben außerhalb des Haushaltsplans in sich schließen oder für die Zukunft mit sich bringen, müssen zugleich bestimmen, wie diese Mehrausgaben gedeckt werden.

Art. 67.

(1) Zu Haushaltsüberschreitungen und außerplanmäßigen Ausgaben ist die nachträgliche Genehmigung des Landtags erforderlich, die im Laufe des nächsten Rechnungsjahrs eingeholt werden muß.

(2) Haushaltsüberschreitungen und außerplanmäßige Ausgaben bedürfen der Zustimmung des Finanzministers. Sie darf nur im Falle eines unvorhergesehenen und unabweisbaren Bedürfnisses erteilt werden.

Art. 68.

Die Rechnungen über den Haushaltsplan werden von der Oberrechnungskammer geprüft und festgestellt. Die allgemeine Rechnung über den Haushalt jedes Jahres und eine Übersicht der Staatsschulden werden mit den Bemerkungen der Oberrechnungskammer zur Entlastung des Finanzministers dem Landtage vorgelegt.

Art. 69.

Das Finanzwesen der ertragswirtschaftlichen Unternehmungen des Staates kann durch Gesetz abweichend von den Vorschriften der Artikel 63 bis 68 geregelt werden.

Abschnitt VIII.

Die Selbstverwaltung.

Art. 70.

Den politischen Gemeinden und Gemeindeverbänden wird das Recht der Selbstverwaltung ihrer Angelegenheiten unter der gesetzlich geregelten Aufsicht des Staates gewährleistet.

Art. 71.

(1) Der Staat gliedert sich in Provinzen.

(2) Die Gliederung der Provinzen in Kreise, Städte, Landgemeinden und andere Gemeindeverbände sowie die Verfassung, die Rechte und Pflichten der Gemeindeverbände werden durch Gesetz geregelt.

Art. 72.

(1) Die Provinzen verwalten nach Maßgabe des Gesetzes durch ihre eigenen Organe:

a) selbständig die ihnen gesetzlich obliegenden oder freiwillig von ihnen übernommenen eigenen Angelegenheiten (Selbstverwaltungsangelegenheiten);

b) als ausführende Organe des Staates die ihnen übertragenen staatlichen Angelegenheiten (Auftragsangelegenheiten).

(2) Das Gesetz wird den Kreis der den Provinzen überwiesenen Selbstverwaltungsangelegenheiten er-

weitern und ihnen Auftragsangelegenheiten übertragen.

Art. 73.

Die Provinziallandtage können durch Provinzialgesetz neben der deutschen Sprache zulassen:

a) eine andere Unterrichtssprache für fremdsprachige Volksteile, wobei für den Schutz deutscher Minderheiten zu sorgen ist,

b) eine andere Amtssprache in gemischtsprachigen Landesteilen.

Art. 74.

Die Grundsätze für die Wahlen zur Volksvertretung gelten auch für die Wahlen zu den Provinzial-, Kreis- und Gemeindevertretungen. Bei den Wahlen zu den Gemeindevertretungen kann jedoch durch Gesetz die Wahlberechtigung von einer bestimmten Dauer des Aufenthalts in der Gemeinde abhängig gemacht werden.

Art. 75.

(1) Beamte, Angestellte und Arbeiter des Staates und der Körperschaften des öffentlichen Rechtes bedürfen zur Ausübung der Tätigkeit als Mitglieder einer Provinzial-, Kreis- und Gemeindevertretung keines Urlaubs.

(2) Gehalt und Lohn sind weiter zu zahlen.

Abschnitt IX.

Die Religionsgesellschaften.

Art. 76.

(1) Wer aus einer Religionsgemeinschaft öffentlichen Rechtes mit bürgerlicher Wirkung austreten will, hat

den Austritt bei Gericht zu erklären oder als Einzelerklärung in öffentlich beglaubigter Form einzureichen. Die Steuerpflicht des Ausgetretenen erlischt frühestens mit Ende des Steuerjahrs, in dem die Austrittserklärung abgegeben worden ist.

(2) Das Nähere wird durch Gesetz bestimmt.

Abschnitt X.

Die Staatsbeamten.

Art. 77.

(1) Zu Staatsbeamten können alle Reichsangehörigen ohne Rücksicht auf Geschlecht und bisherigen Beruf bestellt werden, wenn sie die Befähigung für das Amt besitzen.

(2) Die für die einzelnen Ämter erforderliche Befähigung schreibt das Gesetz vor.

Art. 78.

Jeder Staatsbeamte hat einen Eid dahin zu leisten, daß er das ihm übertragene Amt unparteiisch nach bestem Wissen und Können verwalten und die Verfassung gewissenhaft beobachten wolle.

Art. 79.

(1) Die Staatsbeamten können wider ihren Willen nur unter den gesetzlich vorgeschriebenen Voraussetzungen und Formen entlassen, einstweilig oder endgültig in den Ruhestand oder in ein anderes Amt mit geringerem Gehalte versetzt werden.

(2) Für ihre vermögensrechtlichen Ansprüche und für die ihrer Hinterbliebenen steht der Rechtsweg offen.

Art. 80.

Im übrigen wird das Beamtenrecht im Rahmen des Reichsrechts durch Gesetz geregelt.

Abschnitt XI.

Übergangs- und Schlußbestimmungen.

Art. 81.

(1) Die Verfassung vom 31. Januar 1850 und das Gesetz zur vorläufigen Ordnung der Staatsgewalt in Preußen vom 20. März 1919 sind aufgehoben.

(2) Im übrigen bleiben die bestehenden Gesetze und Verordnungen in Kraft, soweit ihnen diese Verfassung nicht entgegensteht.

Art. 82.

(1) Die Befugnisse, die nach den früheren Gesetzen, Verordnungen und Verträgen dem Könige zustanden, gehen auf das Staatsministerium über.

(2) Die Rechte, die dem König als Träger des landesherrlichen Kirchenregiments zustanden, werden von drei durch das Staatsministerium zu bestimmenden Ministern evangelischen Glaubens ausgeübt, solange nicht die evangelischen Kirchen diese Rechte durch staatsgesetzlich bestätigte Kirchengesetze auf kirchliche Organe übertragen haben.

(3) Die sonstigen bisher vom Könige gegenüber den Religionsgesellschaften ausgeübten Rechte werden im Sinne des Artikel 137 der Reichsverfassung neu geregelt.

Art. 83.

Auf Antrag eines Beteiligten ist ein bestehendes Patronat aufzuheben, sobald die vermögensrechtlichen

Verpflichtungen abgelöst sind. Das Gesetz regelt das Verfahren und stellt die Grundsätze für die Ablösung auf.

Art. 84.

Die bestehenden Steuern und Abgaben werden bis zur ihrer Änderung oder Aufhebung forterhoben.

Art. 85.

Bis zum Zusammentritte des ersten Landtags gilt die Landesversammlung als Landtag.

Art. 86.

Bis nach Durchführung der im Artikel 72 vorgesehenen Gesetzgebung sind die Oberpräsidenten, die Regierungspräsidenten und die Vorsitzenden des Provinzial-Schulkollegiums und des Landeskulturamts im Einvernehmen mit dem Provinzialausschusse zu ernennen.

Art. 87.

Verfassungsstreitigkeiten werden vom Staatsgerichtshof entschieden.

Art. 88.

Die Verfassung tritt mit dem Tage ihrer Verkündung in Kraft mit Ausnahme der Artikel 31 bis 43, 72 und 86. Diese Bestimmungen treten erst in Kraft, wenn die Provinziallandtage gemäß Artikel 74 neu gewählt sind.

Berlin, den 30. November 1920.

Die Preußische Staatsregierung.

Braun. Fischbeck. Haenisch. am Zehnhoff. Oeser.
Stegerwald. Severing. Lüdemann.

Gesetz über die Wahlen zum Preußischen Landtag (Landeswahlgesetz).

Vom 3. Dezember 1920.

Die verfassunggebende Preußische Landesversammlung hat folgendes Gesetz beschlossen, das hiermit verkündet wird:

I. Wahlrecht und Wählbarkeit.

§ 1.

(1) Wähler zum Landtag sind alle über zwanzig Jahre alten reichsdeutschen Männer und Frauen, die in Preußen wohnen.

(2) Jeder Wähler hat eine Stimme.

§ 2.

(1) Die Ausübung des Wahlrechts ruht für die Soldaten während der Dauer der Zugehörigkeit zur Wehrmacht.

(2) Ausgeschlossen von der Ausübung des Wahlrechts ist,

1. wer entmündigt ist oder unter vorläufiger Vormundschaft oder wegen geistiger Gebrechen unter Pflegschaft steht,
2. wer die bürgerlichen Ehrenrechte nicht besitzt.

(3) Behindert in der Ausübung ihres Wahlrechts sind Personen, die wegen Geisteskrankheit oder Geistes-

schwäche in einer Heil- oder Pflegeanstalt untergebracht sind, ferner Straf- und Untersuchungsgefangene sowie Personen, die infolge gerichtlicher oder polizeilicher Anordnung in Verwahrung gehalten werden. Ausgenommen sind Personen, die sich aus politischen Gründen in Schutzhaft befinden.

§ 3.

Wählen kann nur, wer in eine Wählerliste oder eine Wahlkartei eingetragen ist oder einen Wahlschein hat.

§ 4.

Wählbar sind die Wahlberechtigten, die das fünfundzwanzigste Lebensjahr vollendet haben.

§ 5.

(1) Ein Abgeordneter verliert seinen Sitz

1. durch Verzicht,
2. durch nachträglichen Verlust des Wahlrechts,
3. durch strafgerichtliche Aberkennung der Rechte aus öffentlichen Wahlen,
4. durch Ungültigerklärung der Wahl oder sonstiges Ausscheiden beim Wahlprüfungsverfahren,
5. durch nachträgliche Änderung des Wahlergebnisses.

(2) Der Verzicht ist dem Landtagspräsidenten schriftlich zu erklären, er kann nicht widerrufen werden.

II. Wahlvorbereitung.

§ 6.

Das Staatsministerium bestimmt im Einvernehmen mit dem Ältestenrat der Landesversammlung den Tag der Hauptwahl (Wahltag).

§ 7.

Die Wahlkreiseinteilung und die Bildung von Wahlkreisverbänden regelt die Anlage.

§ 8.

Zur Vorprüfung und Feststellung der Wahlergebnisse im ganzen Lande ernennt der Minister des Innern einen Landeswahlleiter und einen Stellvertreter.

§ 9.

Für die Stimmabgabe wird jeder Wahlkreis in Wahlbezirke geteilt, die möglichst mit den Gemeinden zusammenfallen. Große Gemeinden können in mehrere Wahlbezirke zerlegt, kleine Gemeinden oder Teile von Gemeinden mit benachbarten Gemeinden oder Gemeindeteilen zu einem Wahlbezirke vereinigt werden.

§ 10.

(1) Für jeden Wahlbezirk wird ein Wahlvorsteher und ein Stellvertreter ernannt.

(2) Der Wahlvorsteher beruft aus den Wählern des Wahlbezirks drei bis sechs Beisitzer und einen Schriftführer, der auch den Wählern eines anderen Wahlbezirks entnommen werden kann.

(3) Wahlvorsteher, Stellvertreter des Wahlvorstehers, Beisitzer und Schriftführer bilden den Wahlvorstand.

§ 11.

(1) In jedem Wahlbezirk wird für die dort wohnhaften Wähler eine Wählerliste oder Wahlkartei angelegt.

(2) Wahlberechtigte preußische Staatsbeamte, Arbeiter in preußischen Staatsbetrieben, die ihren Wohnsitz nicht

in Preußen, aber nahe der Landesgrenze haben, und wahlberechtigte Angehörige ihres Hausstandes werden auf Antrag in die Wählerliste oder Wahlkartei einer benachbarten preußischen Gemeinde eingetragen.

(3) Die Wahlordnung bestimmt, unter welchen Voraussetzungen Wähler auf ihren Antrag in der Wählerliste oder Wahlkartei zu streichen und mit einem Wahlschein zu versehen sind.

§ 12.

(1) Die Wählerlisten und Wahlkarteien werden spätestens vier Wochen vor dem Wahltag mindestens acht Tage lang öffentlich ausgelegt. Die Gemeindebehörde gibt Ort und Zeit öffentlich bekannt und weist auf die Einspruchsfrist hin.

(2) Einsprüche sind bis zum Ablauf der Auslegungsfrist bei der Gemeindebehörde anzubringen und innerhalb der nächsten vierzehn Tage zu erledigen. Hierauf werden die Listen oder Karteien geschlossen.

§ 13.

Der Wähler kann nur in dem Wahlbezirk wählen, in dessen Wählerliste oder Wahlkartei er eingetragen ist. Inhaber von Wahlscheinen können in jedem beliebigen Wahlbezirk wählen.

§ 14.

(1) Für jeden Wahlkreis werden ein Kreiswahlleiter und ein Stellvertreter ernannt.

(2) Beim Kreiswahlleiter sind spätestens am einundzwanzigsten Tage vor dem Wahltag die Kreiswahlvorschläge einzureichen.

(3) Die Kreiswahlvorschläge müssen von mindestens zwanzig Wählern des Wahlkreises unterzeichnet sein. Die Namen der Bewerber müssen in erkennbarer Reihenfolge aufgeführt sein.

(4) In den Wahlvorschlag darf nur aufgenommen werden, wer seine Zustimmung dazu schriftlich erklärt hat.

(5) In dem einzelnen Wahlkreis darf ein Bewerber nur einmal vorgeschlagen werden.

§ 15.

(1) Für jeden Wahlkreisverband werden ein Verbandswahlleiter und ein Stellvertreter ernannt.

(2) Innerhalb eines Wahlkreisverbandes können mehrere Kreiswahlvorschläge miteinander verbunden werden. Die Verbindung ist nur dann wirksam, wenn diese Kreiswahlvorschläge nicht verschiedenen Landeswahlvorschlägen angeschlossen sind.

(3) Die Verbindung muß von den auf den Kreiswahlvorschlägen bezeichneten Vertrauenspersonen oder deren Stellvertretern übereinstimmend, spätestens am vierzehnten Tage vor dem Wahltag, dem Leiter des Wahlkreisverbandes schriftlich erklärt werden.

§ 16.

(1) Beim Landeswahlleiter können, und zwar spätestens am sechzehnten Tage vor der Wahl, Landeswahlvorschläge eingereicht werden. Sie müssen von mindestens zwanzig Wählern unterzeichnet sein. Die Namen der Bewerber müssen in erkennbarer Reihenfolge aufgeführt sein.

(2) In den Wahlvorschlag darf nur aufgenommen werden, wer seine Zustimmung dazu schriftlich erklärt

hat. Die Erklärung muß spätestens am sechzehnten Tage vor dem Wahltag beim Landeswahlleiter eingegangen sein; andernfalls wird der Bewerber gestrichen.

(3) Ein Bewerber darf nur in einem Landeswahlvorschlage benannt werden. Die Benennung in einem Landeswahlvorschlage schließt die Benennung in einem Kreiswahlvorschlage nicht aus, wenn die Erklärung nach § 18 sich auf diesen Landeswahlvorschlag bezieht.

§ 17.

(1) In jedem Kreis- und Landeswahlvorschlage muß ein Vertrauensmann und ein Stellvertreter bezeichnet werden, die zur Abgabe von Erklärungen gegenüber dem Kreiswahlleiter und dem Wahlausschusse, bei Landeswahlvorschlägen gegenüber dem Landeswahlleiter und dem Landeswahlausschusse, bevollmächtigt sind. Fehlt diese Bezeichnung, so gilt der erste Unterzeichner als Vertrauensmann, der zweite als sein Stellvertreter.

(2) Erklärt mehr als die Hälfte der Unterzeichner eines Wahlvorschlages schriftlich, daß der Vertrauensmann oder sein Stellvertreter durch einen anderen ersetzt werden soll, so tritt dieser an die Stelle des früheren Vertrauensmannes, sobald die Erklärung dem Wahlleiter zugeht.

§ 18.

Für die Kreiswahlvorschläge kann erklärt werden, daß ihre Reststimmen einem Landeswahlvorschlage zuzurechnen sind. Die Erklärung muß spätestens am zehnten Tage vor dem Wahltag schriftlich beim Kreiswahlleiter eingereicht sein. Sonst scheiden die Reststimmen des Wahlkreises beim Zuteilungsverfahren für das Land aus.

§ 19.

Eine telegraphische Erklärung gilt als schriftliche Erklärung im Sinne des § 14 Absatz 2, 4, § 15 Absatz 3, § 16 Absatz 1, 2, § 18, wenn sie durch eine spätestens am vierten Tage nach Ablauf der Frist eingegangene schriftliche Erklärung bestätigt wird.

§ 20.

(1) Zur Prüfung der Kreiswahlvorschläge wird für jeden Wahlkreis ein Wahlausschuß gebildet, der aus dem Kreiswahlleiter als Vorsitzendem und vier Beisitzern besteht, die dieser aus den Wählern beruft. Der Wahlausschuß beschließt mit Stimmenmehrheit.

(2) Die Wahlvorschläge können nach ihrer Festsetzung nicht mehr geändert oder zurückgenommen werden.

§ 21.

(1) Zur Prüfung der Verbindungserklärungen wird im Bedarfsfalle für jeden Wahlkreisverband ein Verbandswahlausschuß gebildet, der aus dem Verbandswahlleiter als Vorsitzendem und vier Beisitzern besteht, die dieser aus den Wählern beruft. Der Verbandswahlausschuß beschließt mit Stimmenmehrheit.

(2) Der Verbandswahlleiter teit die Verbindungserklärungen so, wie sie zugelassen sind, den Kreiswahlleitern der beteiligten Wahlkreise mit.

§ 22.

(1) Zur Prüfung der Landeswahlvorschläge wird ein Landeswahlausschuß gebildet, der aus dem Landes-

wahlleiter als Vorsitzendem und sechs Beisitzern besteht, die dieser aus den Wählern beruft. Der Landeswahlausschuß beschließt mit Stimmenmehrheit.

(2) Der Landeswahlleiter veröffentlicht die Landeswahlvorschläge so, wie sie zugelassen sind, in fortlaufender Nummernfolge. Die Veröffentlichung soll spätestens am dreizehnten Tage vor dem Wahltag erfolgen. Nach der Veröffentlichung können die Landeswahlvorschläge nicht mehr geändert oder zurückgenommen werden.

§ 23.

Der Kreiswahlleiter gibt spätestens am vierten Tage vor der Wahl die Kreiswahlvorschläge samt Verbindungserklärungen sowie die Landeswahlvorschläge, denen sich Wahlvorschläge aus dem Wahlkreise angeschlossen haben, in der zugelassenen Form öffentlich bekannt.

§ 24.

(1) Der Stimmzettel darf nur Namen aus einem einzigen Kreiswahlvorschlage enthalten. Ein Name genügt.

(2) An Stelle der Namen oder neben ihnen darf der Stimmzettel auch die Bezeichnung des Kreiswahlvorschlages mit der Nummer aus der amtlichen Bekanntgabe oder das Kennwort enthalten. Als Kennwort gilt auch der Name einer Partei.

(3) Weitere Angaben machen den Stimmzettel ungültig.

§ 25.

Im Falle der Verbindung der Landtagswahl mit anderen Wahlen oder Abstimmungen kann der Minister des Innern anordnen, in welcher Weise zur Unterscheidung von den Stimmzetteln für die anderen Wahlen oder Abstimmungen die für die Landtagswahl bestimmten kenntlich zu machen sind.

III. Wahlhandlung und Ermittlung des Wahlergebnisses.

§ 26.

Wahlhandlung und Ermittlung des Wahlergebnisses sind öffentlich.

§ 27.

Gewählt wird mit Stimmzetteln in amtlich gestempelten Umschlägen. Abwesende können sich weder vertreten lassen noch sonst an der Wahl teilnehmen.

§ 28.

Über die Gültigkeit der Stimmzettel entscheidet der Wahlvorstand mit Stimmenmehrheit. Bei Stimmengleichheit gibt der Wahlvorsteher den Ausschlag. Nachprüfung im Wahlprüfungsverfahren bleibt vorbehalten.

§ 29.

Zur Ermittlung des Wahlergebnisses stellt der Wahlausschuß fest, wieviel gültige Stimmen abgegeben sind und wieviel davon auf jeden Kreiswahlvorschlag entfallen.

§ 30.

Jedem Kreiswahlvorschlage werden soviel Abgeordnetensitze zugewiesen, daß je einer auf 40 000 für ihn abgegebene Stimmen kommt. Stimmen, deren Zahl für die Zuteilung eines oder eines weiteren

Abgeordnetensitzes an einen Kreiswahlvorschlag nicht ausreicht (Reststimmen), werden, soweit sie auf verbundene Wahlvorschläge gefallen sind, dem Wahlverbandsausschuß und, soweit sie auf Wahlvorschläge gefallen sind, die nur einem Landeswahlvorschlag angeschlossen sind, dem Landeswahlausschusse zur Verwertung überwiesen.

§ 31.

(1) Der Verbandswahlausschuß zählt die im Wahlkreisverband auf die verbundenen Wahlvorschläge gefallenen Reststimmen zusammen. Auf je 40 000 in dieser Weise gewonnener Reststimmen entfällt ein weiterer Abgeordnetensitz. Diese Sitze werden den Kreiswahlvorschlägen nach der Zahl ihrer Reststimmen zugeteilt. Bei gleicher Zahl von Reststimmen auf mehreren Kreiswahlvorschlägen entscheidet über die Reihenfolge das Los.

(2) Die bei der Verrechnung der Reststimmen im Wahlkreisverbande nicht verbrauchten oder nicht berücksichtigten Reststimmen werden ihrem Landeswahlvorschlag überwiesen.

§ 32.

(1) Der Landeswahlausschuß zählt die in allen Wahlkreisen oder Wahlkreisverbänden auf die Landeswahlvorschläge gefallenen Reststimmen zusammen und teilt jedem Landeswahlvorschlag auf je 40 000 Reststimmen einen Abgeordnetensitz zu. Ein Rest von mehr als 20 000 Stimmen wird vollen 40 000 gleichgeachtet.

(2) Einem Landeswahlvorschlage kann höchstens die gleiche Zahl der Abgeordnetensitze zugeteilt werden, die auf die ihm angeschlossenen Kreiswahlvorschläge entfallen sind.

§ 33.

Die Abgeordnetensitze werden auf die Bewerber nach ihrer Reihenfolge in den Wahlvorschlägen verteilt.

§ 34.

(1) Wenn ein Kreiswahlvorschlag weniger Bewerber enthält, als Abgeordnetensitze auf ihn entfallen, so gehen die übrigen Sitze im Falle der Verbindung auf die verbundenen Kreiswahlvorschläge, wenn auch diese erschöpft sind, sowie in den übrigen Fällen, auf den zugehörigen Landeswahlvorschlag über. § 31 Absatz 1 Satz 3 gilt sinngemäß.

(2) Enthält ein Landeswahlvorschlag weniger Bewerber, als Abgeordnetensitze auf ihn fallen, so bleiben die übrigen Sitze unbesetzt.

§ 35.

(1) Wenn ein zum Abgeordneten Berufener die Wahl ablehnt oder ein Abgeordneter ausscheidet, so stellt der Landeswahlausschuß fest, wer an seiner Stelle berufen ist.

(2) Auch dabei wird nach §§ 33, 34 verfahren.

§ 36.

(1) Wird im Wahlprüfungsverfahren die Wahl eines Wahlkreises für ungültig erklärt, so verteilt der Landeswahlausschuß auf Grund des Nachwahlergebnisses von neuem die gesamten Reststimmen.

(2) Ergibt sich dabei, daß auf verbundene Kreiswahlvorschläge oder einen Landeswahlvorschlag mehr Sitze als bisher fallen, so wird die entsprechende Zahl neuer

Abgeordnetensitze nach § 33 besetzt. Fallen auf verbundene Kreiswahlvorschläge oder einen Landeswahlvorschlag weniger Sitze als bisher, so erklärt der Landeswahlausschuß die entsprechende Zahl von Abgeordnetensitzen für erledigt. Für das Ausscheiden gelten dieselben Grundsätze wie für das Eintreten von Ersatzmännern; doch scheiden die zuletzt eingetretenen Abgeordneten zuerst aus.

§ 37.

(1) Ist in einzelnen Wahlbezirken die Wahlhandlung nicht ordnungsgemäß vorgenommen worden, so kann das Wahlprüfungsgericht dort die Wiederholung der Wahl beschließen. Der Minister des Innern hat den Beschluß alsbald auszuführen.

(2) Ist die Verhinderung der ordnungsgemäßen Wahlhandlung in einzelnen Wahlbezirken zweifelsfrei festgestellt, so kann der Minister des Innern auf Antrag des Kreiswahlausschusses und mit Zustimmung des Landeswahlausschusses dort die Wiederholung der Wahl anordnen.

(3) Die Anordnung des Ministers unterliegt im Wahlprüfungsverfahren der Nachprüfung durch das Wahlprüfungsgericht.

(4) Die Wiederholungswahl darf nicht später als sechs Monate nach der Hauptwahl stattfinden.

(5) Bei der Wiederholungswahl wird nach denselben Kreiswahlvorschlägen und auf Grund derselben Wahllisten oder Wahlkarteien wie bei der Hauptwahl gewählt.

(6) Auf Grund der Wiederholungswahl wird das Wahlergebnis für den ganzen Wahlkreis oder Wahlkreisverband neu wie bei der Hauptwahl ermittelt (§§ 29 bis 32 und 36).

IV. Übergangs- und Schlußbestimmungen.

§ 38.

(1) Das Staatsministerium kann mit Rücksicht auf die nach dem Friedensvertrage vorgesehenen Abstimmungen für einzelne Landesteile einen besonderen Wahltag bestimmen. In diesem Falle ist der Minister des Innern ermächtigt, Änderungen in der Wahlkreiseinteilung vorzunehmen und die näheren Vorschriften für die später abzuhaltenden Wahlen zu treffen. Er ist ferner ermächtigt, über die Verwendung der Reststimmen in den betroffenen Wahlkreisen Bestimmungen zu treffen.

(2) Über den Aufschub der Wahlen ist dem Landtag Mitteilung zu machen.

(3) Werden Wahlen aufgeschoben, so gelten bis zur Neuwahl die Abgeordneten der verfassunggebenden Preußischen Landesversammlung aus dem bisherigen Wahlkreise 10 (Regierungsbezirk Oppeln, Provinz Oberschlesien) als Mitglieder des Landtags.

§ 39.

Von den Kosten, die den Gemeinden aus den Landtagswahlen entstehen, werden ihnen vier Fünftel vom Lande ersetzt. Alle übrigen Wahlkosten trägt das Land allein.

§ 40.

Der Minister des Innern erläßt die Bestimmungen zur Ausführung des Gesetzes (Wahlordnung für den Preußischen Landtag).

§ 41.

Das Gesetz tritt mit dem Tage seiner Verkündung in Kraft.

Berlin, den 3. Dezember 1920.

Anlage. [Zu § 7.]

Die Wahlkreise und die Verbandswahlkreise.

A. Die Wahlkreiseinteilung.

Nr. d. Wahlkreises	Name des Wahlkreises	Umfang des Wahlkreises	Zahl der Einwohner nach der Volkszählung vom 8. Oktober 1919 in den Verwaltungsbezirken	im Wahlkreise	Name des Wahlkreisverbandes
1	Ostpreußen	Regierungsbezirk Königsberg . . .	966 252		
		" Gumbinnen . .	535 645		
		" Allenstein . . .	530 015		Ostpreußen-Pommern
		" Marienwerder (Rest)	162 514	2 194 426	
2	Berlin	Der frühere Stadtkreis Berlin . .	1 897 864	1 897 864	Brandenburg I
3	Potsdam II	Kreis Beeskow-Storkow	49 257		
		Der früh. Stadtkr. Charlottenburg .	325 172		
		" " " Neukölln	263 678		
		" " " Berl.-Schöneberg	183 444		
		" " Kreis Teltow	535 878		
		" " Stadtkr. B.-Wilmersdorf .	141 816	1 499 245	Brandenburg I
4	Potsdam I	Kreis Angermünde	62 813		
		Stadtkreis Brandenburg (Havel) .	53 040		
		" Eberswalde	27 310		

		Kreis Jüterbog-Luckenwalde . . .	73 538		
		Der früh. Stadtkr. Berl.-Lichtenberg	143 440		
		" " Kreis Niederbarnim . .	448 088		
		Kreis Oberbarnim	74 470		
		" Osthavelland	83 903		
		" Ostprignitz	68 734		
		Stadtkreis Potsdam	59 419		
		Kreis Prenzlau	60 675		
		" Ruppin	76 448		
		Der frühere Stadtkreis Spandau .	95 832		
		Kreis Templin	49 655		
		" Westhavelland	67 485		
		" Westprignitz	86 131		
		" Zauch-Belzig	86 384	1 617 365	Brandenburg II
5	Frankfurt a. O.	Regierungsbezirk Frankfurt . . .	1 220 380		
		Verw.-Bezirk Westpreußen-Posen .	320 223	1 540 603	Brandenburg II
6	Pommern	Regierungsbezirk Stettin	881 860		
		" Köslin	644 068		
		" Stralsund . . .	239 858		
		Kreis Neustadt i. Westpr. (Rest) .	1 939	1 767 725	Ostpreußen-Pommern
7	Breslau	Regierungsbezirk Breslau	1 760 645	1 760 645	Schlesien
8	Liegnitz	Regierungsbezirk Liegnitz	1 159 841	1 159 841	Schlesien
9	Oberschlesien	Provinz Oberschlesien	2 265 416	2 265 416	Schlesien
10	Magdeburg	Regierungsbezirk Magdeburg . . .	1 239 360	1 239 360	Sachsen

Noch: A. Die Wahlkreiseinteilung.

Nr. d. Wahlkreises	Name des Wahlkreises	Umfang des Wahlkreises	Zahl der Einwohner nach der Volkszählung vom 8. Oktober 1919 in den Verwaltungsbezirken	im Wahlkreise	Name des Wahlkreisverbandes
11	Merseburg	Regierungsbezirk Merseburg . . .	1 330 409	1 330 409	Sachsen
12	Erfurt	Regierungsbezirk Erfurt . . . . . Kreis Herrschaft Schmalkalden . .	542 756 45 270	588 026	Sachsen
13	Schleswig-Holstein	Regierungsbezirk Schleswig . . .	1 449 751	1 449 751	Schlesw.-Holstein Hannover
14	Weser-Ems	Regierungsbezirk Aurich . . . . . " Osnabrück . . .	273 748 407 088	680 836	Schlesw.-Holst.-Hannover
15	Ost-Hannover	Regierungsbezirk Stade . . . . . " Lüneburg . . .	430 823 560 219	991 042	Schlesw.-Holst.-Hannover
16	Süd-Hannover	Regierungsbezirk Hannover . . . " Hildesheim . . .	767 936 562 633	1 330 569	Schlesw.-Holst.-Hannover
17	Westfalen-Nord	Regierungsbezirk Münster . . . . " Minden . . . . Kreis Grafschaft Schaumburg . .	1 165 701 758 990 46 861	1 971 552	Westfalen

18	Westfalen-Süd	Regierungsbezirk Arnsberg	2 545 940	2 545 940	Westfalen
19	Hessen-Nassau	Reg.-Bez. Cassel (ohne die Kreise Grafschaft Schaumburg und Herrschaft Schmalkalden)	942 504		
		Regierungsbezirk Wiesbaden . . .	1 226 258		
		Kreis Wetzlar	66 339	2 235 101	Hessen-Nassau-Rheinland-Süd
20	Köln-Aachen	Regierungsbezirk Köln	1 333 574		
		" Aachen	631 998	1 965 572	Hessen-Nassau Rheinland-Süd
21	Coblenz-Trier	Reg.-Bez. Coblenz (ohne Kr. Wetzlar)	692 413		
		Regierungsbezirk Trier	447 294		
		" Sigmaringen . .	70 044	1 209 751	Hessen-Nassau-Rheinland-Süd
22	Düsseldorf-Ost	Stadtkreis Barmen	158 369		
		" Düsseldorf	402 726		
		Landkreis Düsseldorf	102 605		
		Stadtkreis Elberfeld	157 176		
		" Essen	439 094		
		Landkreis Essen	164 163		
		Kreis Lennep	80 441		
		" Mettmann	117 503		
		Stadtkreis Remscheid	73 123		
		" Solingen	49 005		
		Landkreis Solingen	167 949	1 912 154	Rheinland-Nord

Noch: A. Die Wahlkreiseinteilung.

Nr. d. Wahlkr.	Name des Wahlkreises	Umfang des Wahlkreises	Zahl der Einwohner nach der Volkszählung vom 8. Oktober 1919 in den Verwaltungsbezirken	Zahl der Einwohner nach der Volkszählung vom 8. Oktober 1919 im Wahlkreise	Name des Wahlkreisverbandes
23	Düsseldorf-West	Kreis Cleve	72 474		
		Stadtkreis Crefeld	124 737		
		Landkreis Crefeld	43 618		
		Kreis Dinslaken	50 359		
		Stadtkreis Duisburg	201 233		
		Kreis Geldern	59 648		
		" Gladbach	118 418		
		" Grevenbroich	50 324		
		Stadtkreis Hamborn	110 151		
		Kreis Kempen i. Rheinpr.	98 538		
		" Mörs	154 628		
		Stadtkreis Mülheim a. d. Ruhr	126 967		
		" München-Gladbach	64 399		
		" Neuß	39 942		
		Landkreis Neuß	33 547		
		Stadtkreis Oberhausen	99 119		
		Kreis Rees	76 129		
		Stadtkreis Rheydt	43 186		
		" Sterkrade	46 435	1 613 852	Rheinland-Nord

B. Die Wahlkreisverbände.

Nr. des Wahlkreisverbandes	Name des Wahlkreisverbandes	Umfang des Wahlkreisverbandes
I	Ostpreußen-Pommern	die Wahlkreise 1 und 6
II	Brandenburg I	" " 2 " 3
III	Brandenburg II	" " 4 " 5
IV	Schlesien	" " 7, 8 und 9
V	Sachsen	" " 10, 11 " 12
VI	Schleswig-Holstein-Hannover . .	" " 13, 14, 15 und 16
VII	Westfalen	" " 17 und 18
VIII	Hessen-Nassau-Rheinland-Süd	" " 19, 20 und 21
IX	Rheinland-Nord	" " 22 und 23

Sachregister.

(Die Zahlen verweisen auf die Artikel der Verfassung.)

Druck von Otto Walter, Berlin S 14.

Im Druck befindet sich:

Kommentar

zur

Verfassung des Freistaates Preußen

mit allen Nebengesetzen

von

Professor Dr. **Fritz Stier-Somlo.**

Der Kommentar bringt, wie aus dem Titel hervorgeht, auch die zum Verständnis der Verfassung erlassenen und noch zu erlassenden Nebengesetze: Landtagswahlgesetz, die Geschäftsordnung des Landtags, das Gesetz, betr. die Wahlen zu den Provinziallandtagen, Gesetz über Bestallung von Mitgliedern des Reichsrats durch die Provinzialverwaltungen, Gesetz über die Wahlen zum Staatsrat. Auch alle gesetzlichen Bestimmungen über Oberschlesien, die Ausführungen über die Auseinandersetzung mit der preußischen Krone, Neuregelung und Aufhebung der Standesrechte, Auflösung der Hausvermögen usw. sind in den Bereich der Bearbeitung gezogen. Wir glauben somit einen Kommentar zu bieten, der allen berechtigten Ansprüchen gerecht wird.

Vereinigung wissenschaftlicher Verleger

Walter de Gruyter & Co.

vormals G. J. Göschen'sche Verlagshandlung — J. Guttentag, Verlagsbuchhandlung — Georg Reimer — Karl J. Trübner — Veit & Comp.

Vereinigung wissenschaftlicher Verleger
Walter de Gruyter & Co.
vormals G. J. Göschen'sche Verlagshandlung — J. Guttentag, Verlagsbuchhandlung — Georg Reimer — Karl J. Trübner — Veit & Comp.
Berlin W 10, Genthiner Straße 38.

Stichwörter-Verzeichnis
der
Guttentagschen Sammlung
Deutscher Reichsgesetze
und
Preußischer Gesetze

Textausgaben mit Anmerkungen und Sachregister
Taschenformat — Gebunden

Das vollständige Verzeichnis der Sammlung mit ausführlichen Titel- und Preisangaben ist kostenlos durch jede Buchhandlung und direkt vom Verlage erhältlich.

R. = Nummer der Sammlung Deutscher **Reichs**gesetze.
P. = Nummer der Sammlung **Preußischer** Gesetze.
T. = Sammlung von Textausgaben ohne Anmerkungen.

12. 20. — 15 000. 4.

(R. = Reichsgesetz, P. = preuß. Gesetz, T. = Textausgabe.)

(R. = Reichsgesetz, P. = preuß. Gesetz, T. = Textausgabe.)

(R. = Reichsgesetz, P. = preuß. Gesetz, T. = Textausgabe.)

(R. = Reichsgesetz, P. = preuß. Gesetz, T. = Textausgabe.)

(R. = Reichsgesetz, P. = preuß. Gesetz, T. = Textausgabe.)

(R. = Reichsgesetz, P. = preuß. Gesetz, T. = Textausgabe.)

FSC
www.fsc.org
MIX
Papier | Fördert
gute Waldnutzung
FSC® C083411

Kolibri 360 GmbH
Ferdinand-Jühlke-Straße 7
99095 Erfurt, Deutschland
produktsicherheit@kolibri360.de